DATE DUE

Los sonidos que nos rodean

Producir sonidos

Charlotte Guillain

Heinemann Library
Chicago, Illinois

www.heinemannraintree.com
Visit our website to find out more information about Heinemann-Raintree books.

To order:
☎ Phone 888-454-2279
💻 Visit www.heinemannraintree.com to browse our catalog and order online.

© 2011 Heinemann Library
an imprint of Capstone Global Library, LLC
Chicago, Illinois

Customer Service: 888-454-2279

Visit our website at www.heinemannraintree.com

Designed by Joanna Hinton-Malivoire
Photo research by Tracy Cummins and Tracey Engel
Translated into Spanish by DoubleO Publishing Services
Printed and bound in China by Leo Paper Group

13 12 11 10
10 9 8 7 6 5 4 3 2 1

Library of Congress Cataloging-in-Publication Data
Guillain, Charlotte.
  [Making sound. Spanish]
  Producir sonidos / Charlotte Guillain.
    p. cm. -- (Los sonidos que nos rodean)
  Includes index.
  ISBN 978-1-4329-4263-2 (hb) -- ISBN 978-1-4329-4268-7 (pb)
  1. Sound--Juvenile literature. I. Title.
  QC225.5.G849818 2011
  534--dc22
                    2010002877

Acknowledgments
The author and publishers are grateful to the following for permission to reproduce copyright material: Alamy pp. **4 top left** (©UpperCut Images), **5** (©Digital Vision), **9** (©Images of Africa Photobank); ageFotostock pp. **18** (©Creatas), **23a** (©Creatas); CORBIS pp. **11** (©TempSpor/Dimitri Iundtt), **23c** (©TempSpor/Dimitri Iundtt); Getty Images pp. **6** (©Red Chopsticks), **7** (©Bernd Opitz), **10** (©Mike Harrington), **12** (©Ariel Skelley), **16** (©Matthieu Ricard), **19** (©Adam Gault), **23b** (©Adam Gault); PhotoEdit Inc. p. **20**; Photolibrary pp. **13** (©Digital Vision), **14** (©Tim Pannell), **15** (©Blend Images RF/Terry Vine/Patrick Lane), **21** (©Digital Vision/Jeffrey Coolidge Photography), iStockphoto pp. **4 top right** (©Frank Leung), **4 bottom right** (©Peter Viisimaa); Shutterstock pp. **4 bottom left** (©devi), **8** (©Sonya Etchison), **17** (©Leah-Anne Thompson).

Cover photograph of Stomp Out Loud cast members reproduced with permission of Landov (©Reuters/Las Vegas Sun/Steve Marcus). Back cover photograph of a girl kicking leaves reproduced with permission of Getty Images (©Mike Harrington).

The publishers would like to thank Nancy Harris and Adriana Scalise for their assistance in the preparation of this book.

Every effort has been made to contact copyright holders of any material reproduced in this book. Any omissions will be rectified in subsequent printings if notice is given to the publisher.

Contenido

Sonidos

Hay muchos tipos diferentes de sonidos.

Todos los días oímos sonidos diferentes a
nuestro alrededor.

Los sonidos que produce nuestro cuerpo

Podemos producir muchos
sonidos diferentes.

Podemos producir sonidos con nuestro cuerpo.

Podemos producir sonidos con las manos.

Podemos aplaudir con las manos.

Podemos producir sonidos con los pies.

Podemos patear el suelo con los pies.

Podemos producir sonidos con nuestra voz.

Podemos usar nuestra voz para cantar.

Podemos usar nuestra voz para gritar.

Podemos usar nuestra voz para susurrar.

Podemos producir sonidos con la boca.

Podemos usar la boca para silbar.

Otros sonidos que podemos producir

Podemos golpear cosas para
producir sonidos.

Podemos raspar cosas para
producir sonidos.

Podemos agitar cosas para producir sonidos.

Podemos presionar cosas para
producir sonidos.

¿Qué aprendiste?

- Podemos producir sonidos con las manos.

- Podemos producir sonidos con los pies.

- Podemos producir sonidos con la boca y con la voz.

- Podemos producir sonidos con muchas otras cosas.

Glosario ilustrado

golpe un ruido fuerte y repentino

raspar frotar algo duro o áspero

patear dar golpes fuertes en el suelo con los pies

Índice

Nota a padres y maestros
Antes de leer
Explique a los niños que hay sonidos que nos rodean todos los días. Explíqueles que existen diferentes maneras de producir sonidos con nuestro cuerpo y con otras cosas. Pida a los niños que comenten las maneras de producir diferentes sonidos y que hagan una lista de sus ideas.

Después de leer
• Revise la lista con los niños. Pida a voluntarios que encierren en un círculo los sonidos presentados en el libro. Después, pida a algunos niños que produzcan ese sonido con sus cuerpos o con objetos que estén en el salón.
• Entregue a los niños instrumentos musicales y pídales que produzcan sus propios sonidos. Indíqueles que toquen sus instrumentos fuertes y suaves. Pregúnteles qué tuvieron que hacer para producir sonidos fuertes y suaves.